Dados Internacionais de Catalogação na Publicação (CIP)
(Câmara Brasileira do Livro, SP, Brasil)

Bruno, Rodrigo
Museu nacional : casa de muitas histórias /
Rodrigo Bruno ; coordenação Luiz Prado ; ilustração Bruna Assis Brasil. -- 1. ed. --
São Paulo, SP : Quereres edições, 2023.

ISBN 978-65-85342-01-8
1. Literatura infantojuvenil 2. Museus - Brasil
I. Prado, Luiz. II. Brasil, Bruna Assis. III. Título.

23-150962 CDD-028.5

Índices para catálogo sistemático:
1. Literatura infantil 028.5
2. Literatura infantojuvenil 028.5
Tábata Alves da Silva - Bibliotecária - CRB-8/9253

Versão acessível
https://www.editoraquereres.com/museunac-audiobook

www.editoraquereres.com
@editoraquereres

1ª edição, março de 2023

Este livro segue o Novo Acordo Ortográfico da Língua Portuguesa.

RODRIGO BRUNO

Museu Nacional

CASA DE MUITAS HISTÓRIAS

ILUSTRAÇÕES DE

BRUNA ASSIS BRASIL

QUERERES edições

CAPÍTULO 1

BEM-VINDOS AO MUSEU

— INDEPENDÊNCIA OU MORTE!

Esse foi o grito que Pedro ouviu logo que a excursão da escola chegou ao seu destino. Todos os alunos voltaram os olhares para a figura emblemática que saía de trás da imponente estátua de Dom Pedro II, bem no meio de um pequeno jardim. Embora sua professora já houvesse anunciado o passeio há vários dias, Pedro ainda permanecia borocoxô com a ideia de visitar um... MUSEU. Para o menino, antenado em jogos eletrônicos e outras modernidades, museus não passavam de depósitos de velharias e cacarecos.

— Hunf — resmungou Pedro logo que um sujeito vestido de forma bastante esquisita os cumprimentou:

— Bom dia, crianças! Sou Bartolomeu. Estou aqui a serviço da mais alta realeza que, pela sofisticação e beleza, ainda impera neste local. SEJAM BEM-VINDOS à antiga residência da família imperial. Hoje, o extraordinário MUSEU NACIONAL! Sigam-me.

PII

METEORITO
DO BENDEGÓ

Para espanto das crianças, ao adentrarem no *hall*, Bartolomeu, num pulo rápido, subiu em uma cadeira e começou um verdadeiro *show*:

— Acomodem-se crianças, pois um *rap* eu vou cantar.

ESTÁ NOS LIVROS DE HISTÓRIA/ BEM GUARDADO NA MEMÓRIA/ É UMA MISSÃO PRESTIGIAR

SOU SEU GUIA BARTOLOMEU/ E CANTO PRA VOCÊS/ O RAP DO MUSEU

HÁ MUITOS ANOS/ BEM LÁ ATRÁS/ BEM AQUI NESSE LUGAR

FUGINDO DOS FRANCESES/ A FAMÍLIA REAL/ DEIXOU PORTUGAL

VEIO RAINHA/ VEIO PRÍNCIPE E A NOBREZA

DOM JOÃO VIU NO BRASIL COLÔNIA/ ENORME POTENCIAL/ QUE BELEZA A NATUREZA.

TRANSFORMOU A ECONOMIA/ A CIÊNCIA E EDUCAÇÃO.

MAS LÁ EM PORTUGAL /A GALERA CRITICOU/ VOLTA AGORA DOM JOÃO/ FOI MAL

MAS A ESSA ALTURA/ BRASIL JÁ TINHA ESTRUTURA/ E O PRÍNCIPE REGENTE, DESCONTENTE

ANTES COLONIZADOR/ VIROU O NOSSO IMPERADOR/ E TÃO LOGO DECLAROU:

DIGAM AO POVO QUE EU FICO/ PARA REINAR NESSE LUGAR/ E O BRASIL LIBERTAR

TAMBÉM TEVE A PRINCESA/ MARIA LEOPOLDINA/ CORAJOSA E INFLUENTE

MANDOU A CARTA URGENTE/ LIBERTANDO NOSSA GENTE/ UM BRASIL INDEPENDENTE

SÓ RESTOU ENTÃO/ O MARIDO DECLARAR/ UM GRITO NO IPIRANGA A ECOAR

INDEPENDÊNCIA OU MORTE! / OLHA A NOSSA SORTE. /VAMOS COMEMORAR!

INDEPENDÊNCIA OU MORTE! / DUZENTOS ANOS, MANO/ E ISSO ACONTECEU NESSE LUGAR

NESSE MUSEU TÃO SEU, TÃO MEU/ ESSE FOI O RAP DO GUIA BARTOLOMEU.

As palmas e o encantamento foram gerais. Entusiasmadas, as crianças comentaram que nunca tinham ouvido uma história em forma de *rap*. Logo as atenções se desviaram de Bartolomeu e todos pasmaram com a imensa pedra no meio da recepção.

— Caraca! O que é isto? — perguntou Clara.

— Não vê que é um meteoro? — retrucou Bia, a melhor aluna da turma.

Pedro revirou os olhos imitando a colega: "não vê que é um meteoro?".

— Aha! — gritou divertidamente Bartolomeu. — Vejo que gostaram da minha pepita!

— Na verdade é um meteorito, Bia — corrigiu a professora. — Um fragmento de rocha espacial que, ao entrar em contato com a atmosfera, fica incandescente. Se o fragmento sobreviver a essa queima e atingir a superfície da terra, recebe o nome de meteorito.

— Isso mesmo! — concordou Bartolomeu. — Esse é o meteorito de Bendegó. Um viajante sideral, com mais de cinco toneladas, um objeto espacial. Ele voou milhões de anos-luz até que caiu do céu, seu baque, quando bateu na terra, fez logo um escarcéu.

— Sim! — completou a professora, sorrindo. — Foi encontrado no interior da Bahia em 1784 por um menino chamado Domingos, que tinha a idade de vocês.

— Então, ao ouvir a novidade e com mais modernidade, Dom Pedro II resolveu: "Tragam a pedra para o museu." Foi uma trabalheira, nada igual nunca se viu. E aqui agora está o maior meteorito do Brasil!

— Nosso meteorito ficou tão famoso que até Albert Einstein, o cientista, já tirou foto com ele - comentou a professora. — Não é incrível?!

— INDEPENDÊNCIA OU MORTE! — gritou novamente o guia. — Sigam-me!

Enquanto as crianças se divertiam com Bartolomeu, Pedro achava aquele cara cada vez mais esquisito.

Se o meteorito já tinha deixado a turma maravilhada, imagina a euforia quando eles entraram na sala de paleontologia.

— DINOSSAUROS! — vibraram ao se depararem com um enorme esqueleto bem no meio do salão!

— Este é Dino. Dinoprata! Meu bichão de estimação. Logo que encontrado, de *Maxakalisaurus Topai* foi batizado. Andava por aí, no Triângulo Mineiro, mas agora mora aqui no Rio de Janeiro. Viveu há 80 milhões de anos, e todo mundo ele assustava, mas ele era bonzinho, só um tamanho grande ostentava.

— Olha só, aqui diz que eles podiam chegar a quase vinte metros de comprimento e seis metros de altura! ERA UM GIGANTE! - exclamou um entusiasmado Gustavo.

— Bem — continuou o guia —, os museus são locais onde se conta a nossa história. Da humanidade! Das diversidades! O lógico do antropológico, do arqueológico, das científicas experiências. Nossas vivências! Um museu é a morada das artes, da botânica, das ciências da natureza. É uma beleza! Enfim, a história natural. Não é animal? E, por falar em animal, TCHAN TCHAN TCHAN TCHAN, já imaginaram um bicho-preguiça gigante no quintal?

CAPÍTULO 2

UMA HISTÓRIA ANIMAL

Os olhos das crianças saltavam de curiosidade diante de tantas maravilhas e até Pedro, que pensava estar indiferente, começava a ter um brilho novo no olhar!

— Vamos voltar no tempo, só basta imaginar — começou Bartolomeu — quando a megafauna dominava o lugar! Como todos podem ver, em épocas muito, muito distantes, tinham mastodontes, tinham antas e tatus gigantes. Mas agora vamos conhecer as famosas preguiças. Avante!

— Então, crianças — interveio a professora. — As preguiças-gigantes foram encontradas em vários lugares das Américas. Pesavam várias toneladas e tinham muitos metros de comprimento. Gostavam de comer arbustos e folhas!

— Muito bem, Dona Lola, amada professora! — parabenizou Bartolomeu. — Agora, criançada, prestem atenção, por favor. Olhem para ele, um terrível caçador. De qual animal se trata? Tenho certeza que vocês já sabem, estou falando dele, o feroz tigre-dentes-de-sabre!

A turma ficou impressionada com os enormes e afiadíssimos dentes da réplica exposta no museu. E, entre conversas paralelas e risos, continuaram a excursão.

CAPÍTULO 3

LUZIA E OUTROS POVOS

— Olha! Uma cabeça de gente morta! — gritou Gabriel apontando para um crânio humano protegidos por uma placa de vidro.

— ATENÇÃO! ATENÇÃO! Apresento-lhes nossa grande atração! - anunciou o guia apontando a mão para o busto esculpido de uma mulher de olhos grandes e rosto largo — LUZIA!

— O que é que uma cabeça esquisita tem de atrativa? — cochichou Pedro com Gabriel.

Bartolomeu, que já era acostumado com reações adversas, explicou:

— Vocês sabiam que a palavra museu significa templo das musas? Sim. E Luzia é nossa musa principal! Uma revolução nos estudos da evolução! Verdadeira inspiração. Por isso ganhou essa escultura de como deveria parecer seu rosto. E que bom gosto!

— Antes de vir, eu li tudo sobre o museu — disse Bia com altivez - e descobri que Luzia é o fóssil humano mais antigo encontrado nas Américas. Morreu quando tinha... sei lá, uns vinte e cinco anos.

— Aff! — resmungou Pedro, revirando os olhos — Lá vem ela de novo...

— Fala isso só porque eu sei mais coisas que você? — retrucou Bia, que tinha ouvido a provocação. — Supera, garoto!

— Luzia tinha cerca de um metro e meio de altura quando morreu. — Falou a professora, apontando para desenho de Luzia em perspectiva na parede. — Naquela época as pessoas eram menores.

— Exato! — concordou Bartolomeu. — Apesar da baixa estatura, Luzia é nossa grande ventura! Com quase DOZE MIL ANOS, como já foi dito e eu repito: é a mulher mais antiga das Américas. Que doideira... é brasileira! Deve ser nossa... TA-TA-TA-TA-TARAVÓ!

Com tantos tatataras, até Pedro esboçou um pequeno sorriso. E, entre outros risos e cochichos, seguiram. Alguns passos adiante o grupo entrou em uma das seções mais importantes do museu: Etnologia!

Ao entrarem na sala anunciada, as crianças ficaram embasbacadas! Eram tantos cocares, penachos, flechas, canoas, pinturas e roupas... tantas cores, que elas não conseguiam imaginar como os indígenas puderam fabricar tudo aquilo, sem máquinas elétricas e outras modernidades. Diante dos olhinhos curiosos dos visitantes, Bartolomeu pôs-se a cantar:

CHEGOU A HORA DE APRESENTAR/ UMA SALA ESPETACULAR

APESAR DE ESTAREM NUM MUSEU/ ESSE POVO SECULAR NÃO MORREU

VIVE FACEIRO/ PELO PAÍS INTEIRO/ COM RITUAIS NO TERREIRO

CORUBOS/ TUPINAMBÁS/ MARAJÓS/ OU TUPIS-GUARANIS.

VIVEM DA CAÇA E DA PESCA/ E TAMBÉM DA DANÇA/ DOS SAGRADOS RITUAIS

MOSTRAM SUA ETNOLOGIA/ MOSTRAM SUA TECNOLOGIA

INSTRUMENTOS MUSICAIS/ CESTARIAS/ PLUMÁRIAS/ PEÇAS TROPICAIS

MAS UM POVO GUERREIRO/ NÃO VIVE SÓ DE ARTEFATOS/ SÃO FATOS

HOJE EM DIA/ QUEM DIRIA/ ESTÃO NAS DIVERSAS ESFERAS SOCIAIS

FILHOS DA MÃE NATUREZA/ DO BRASIL SÃO A ESSÊNCIA/ MERECEM NOSSA REVERÊNCIA

FICA AQUI MINHA CANÇÃO/ DE GRATIDÃO/ AOS POVOS INDÍGENAS/ DESSA NAÇÃO.

Animados, os alunos responderam com uma salva de palmas. E assim prosseguiu a excursão pelas várias seções do museu, entre elas o da "Ocupação do território brasileiro", onde os alunos puderam conhecer um pouco mais das coleções de etnologia com objetos que destacavam a riqueza da cultura indígena, cultura afro-brasileira e culturas do pacífico. Também conheceram a sala de entomologia, onde estavam os insetos e ficaram maravilhados com a variedade de cores e tamanhos das borboletas do museu. A cada nova sala visitada, mais Pedro gostava. Sem nem perceber, o garoto ia deixando a resistência inicial de lado e ia se envolvendo com a animação partilhada pelos colegas.

— INDEPENDÊNCIA OU MORTE! Mais uma vez eu grito... E por falar nisso, o que acham do Egito?

— O Egito é a terra das pirâmides! — se adiantou Bia, mais uma vez, para irritação de Pedro.

— Sim. Mas agora vocês vão precisar de muita coragem — disse Bartolomeu em tom de suspense — porque, além de pirâmides, o Egito é conhecido por suas múmias... tumbas... e catacuuuuuumbas! Huuuuuuuuuuu...

Algumas crianças acharam graça. Outras arregalaram os olhos com uma pontinha de medo. Para alívio de muitos, a sala era bem iluminada e as múmias bem protegidas. Além delas, também estavam expostos sarcófagos, vasos canopos, amuletos, colares e uma infinidade de outros itens.

— Não se assustem, apenas me escutem! Esta é a maior coleção egípcia da América Latina, que quase foi parar na Argentina. É a sala do antigo Egito! E tenho dito. Vejam, por exemplo, este lindo caixão bem no meio da exposição! Um presente inspirador dado por um soberano egípcio ao nosso imperador.

— Olhem, tem até múmia de gato! — gritou Bernardo.

— No Egito antigo o gato era um animal sagrado, assim como o falcão e o crocodilo, por exemplo — explicou a professora. — Embalsamar animais era algo bem natural para eles. Muitos cachorros foram encontrados mumificados por lá.

Ouvindo isso, Gabriel logo brincou:

— Já pensou, Pedro, enrolar o seu cachorro, o Rocambole, feito múmia?

Antes mesmo que Pedro pudesse responder, Bartolomeu adiantou-se:

— Olhe, olhe, olhe! Então Pedro tem um cão chamado Rocambole!? Que coincidência animal! Rocambole era um dos cães de estimação da bisneta do Rei João. A Princesa Isabel. Ela tinha vários cachorros, mas era Rocambole o seu amigo fiel!

Todos ficaram admirados! Até Pedro, que antes "parecia" não ligar, agora estava interessado!

— INDEPENDÊNCIA OU MORTE!

CAPÍTULO 4

REI OU IMPERADOR?

— Por que toda hora você grita "Independência ou morte"? — perguntou Pedro, depois de um momento de hesitação.

— Por sorte, você perguntou. E a hora da resposta chegou. Logo comemoraremos duzentos anos da Independência do Brasil! Antes éramos colônia de Portugal, depois ficamos livres, afinal. A sala que vocês verão agora é uma sala muito especial. Vocês lembram que este palácio foi residência da família real?

— SIIIIIMMMM.

— Pois esta era a sala do trono! ...quando eu a vejo até me emociono.

Os alunos espremeram-se para ver melhor. Era uma sala muito bonita com ornamentos em ouro. O teto era coberto por uma pintura onde estavam representados vários deuses do Olimpo. Tudo parecia muito elegante e luxuoso. No centro da sala um verdadeiro trono atraia os olhares para si.

— Aqui nesta sala o rei, ou o imperador, além de receber seus ministros, também recebia os súditos para o ritual de beija-mão — explicou a professora.

— Como assim? — perguntou Gabriel. — Era rei ou era imperador?

— Tivemos os dois — começou Dona Lola. — Eu vou explicar. Em 1808, quando a família real portuguesa se muda para o Brasil, tínhamos uma rainha, Dona Maria I. Essa rainha sofria de uma doença mental...

— Era louca? — interrompeu Gabriel.

— Algumas pessoas a chamavam assim... Bem, quando Dona Maria morre, seu filho, João, vira o rei Dom João VI.

— Ainda não entendi a parte do imperador — queixou-se o menino.

— Bem... O rei Dom João VI fica no Brasil até 1821 e depois volta para Portugal, mas antes de voltar ele ordena que seu filho, o príncipe Pedro, fique aqui cuidando do reinado.

— Aí, Pedrão, chegou a sua hora de brilhar — disse Gabriel para o colega, fazendo todos os alunos rirem e deixando o amigo vermelho.

— Resumindo — suspirou Dona Lola, devido a vários fatores, o príncipe Pedro resolve separar o Brasil de Portugal.

— Por isso que no dia 7 de setembro comemoramos a Independência do Brasil, né, *profe*? — comentou Bia.

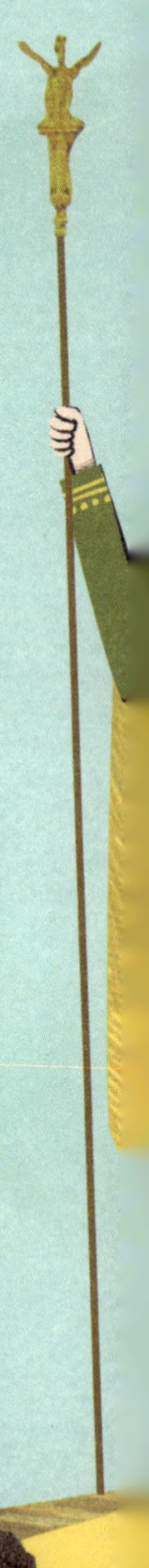

— Sim. E é interessante observar que quem assinou o decreto da independência do Brasil foi Leopoldina, a esposa de Dom Pedro I, dentro desse palácio onde vocês estão agora.

— Continuo não entendendo a parte do imperador — reclamou Gabriel.

— Simples: para desvincular-se da monarquia portuguesa, Dom Pedro I cria o título de imperador. Assim, ao invés de virar rei, ele vira imperador do Brasil.

— Quantas histórias tem nossa história! — exclamou Alice, arrancando risos de todos, inclusive de Pedro.

Ao final da visita, os alunos passaram pelo jardim das princesas, que ficava na lateral do prédio. As crianças correram para sentarem-se nos bancos, decorados com conchas e pedaços de louça, que pareciam verdadeiros tronos. Gabriel, vendo o amigo sentado em um desses bancos brincou:

— Acho que tem alguém aqui se sentindo o Dom Pedro III.

E dessa vez, ao invés de ficar vermelho, Pedro caiu na gargalhada com os colegas.

Naquela mesma semana, Dona Lola, a professora, pediu para que os alunos fizessem uma apresentação à fantasia sobre o que eles tinham

visto ou ouvido durante a visita ao Museu Nacional. Todos os alunos estavam caracterizados: Pedro, claro, foi fantasiado de Dom Pedro I, Gabriel foi de múmia, Bia de borboleta, enquanto Alice estava vestida de Luzia, a mulher das cavernas... e a apresentação acabou se tornando uma grande festa. Até mesmo Pedro e Bia, que viviam brigando, vendo um ao outro fantasiados, caíram na risada juntos... Aquele museu realmente fazia milagres! A semana seguiu com aulas temáticas sobre os itens vistos na visita, então eles aprenderam mais sobre o Egito, história do Brasil, e muitos outros assuntos. Por vários e vários dias as crianças só falaram e relembraram o animado passeio ao Museu Nacional.

Capítulo 5

Incertezas e labaredas

Algumas semanas depois, quase na hora de jantar, Pedro e Rocambole estavam brincando de pega-pega na sala enquanto Seu Emmanuel, pai de Pedro, assistia TV. Em determinado momento, seu Emmanuel chama o filho dizendo:

— Pedrinho, corre aqui olhar isso!

O garoto parou o que estava fazendo e prestou atenção na reportagem que estava passando:

— *"... os bombeiros não nos deixaram passar deste ponto por questão de segurança. O fogo está se alastrando rapidamente."*

Ao entender o que estava acontecendo, Pedro ficou desesperado. Um incêndio de grandes proporções atingia o Museu Nacional. O mesmo que ele tinha visitado. Como era possível? Seria verdade?

Embora os bombeiros tentassem controlar as chamas, labaredas tomavam conta de todo o casarão. O fogo saía pelas janelas e pelo teto, formando uma enorme coroa incandescente. A noite iluminava-se pelo fogaréu. Antes museu, agora uma comoção nacional.

O que começou num soluço, transformou-se num sentimento profundo. Pedro chorava sem parar. Lembrou-se de todos os itens que viu. Será que alguém conseguiria salvar a Luzia? E a preguiça-gigante, escaparia? Naquela noite, Pedro foi dormir com os olhos úmidos e o coração partido.

CAPÍTULO 6

SALVEM O MUSEU NACIONAL

A partir deste fato, aquele menino que achava que museus eram depósitos de velharias e cacarecos, passou a se interessar mais pelo assunto.

À medida que crescia seu interesse, Pedro descobria variadas coisas que aconteciam nos museus e ninguém via. Como o trabalho dos restauradores, pesquisadores, dos artistas, dos curadores etc. Além de crescer em conhecimento, crescia também em tamanho. Antes criança que só curtia jogos eletrônicos, agora Pedro era um adolescente preocupado com a história e a cultura de modo geral. Conheceu outros museus da cidade, de diferentes temáticas e junto com o gosto pelos museus também se interessou mais por história, geografia, artes...

Num belo dia, mexendo no celular, Pedro descobriu que iriam reinaugurar o Museu Nacional. Que parte dele já estava restaurado e uma exposição tinha sido marcada para a comemoração dos duzentos anos da Independência do Brasil. A notícia alegrou tanto o menino que Pedro não conseguia parar de pensar na novidade:

— Rocambole, você não vai acreditar. Essa noite sonhei que estava no Museu Nacional. Mas não era o museu que visitei aquele dia, estava transformado. Tudo era cheio de tecnologia. Já na entrada o meteorito Bendegó parecia flutuar, luzes e projeções davam a sensação de que estávamos no espaço com galáxias e estrelas por todo lado. Na sala do trono, encontrávamos avatares da família imperial, que conversavam com o público e nos explicavam como era a vida naquela época. Ah, tinha outra coisa, não precisávamos caminhar. Eu me deslocava em um skate voador que me levava para todo canto. Tinha muita tecnologia! Luzes, sons espaciais, imagens projetadas das coisas mostrando e explicando sobre os objetos e suas histórias. Tudo era interativo e com realidade virtual. Podíamos caçar com a Luzia, se esconder de um dinossauro, usando óculos 3D... Era o mesmo museu, mas com um pé no futuro, muito legal. Bem que esse novo Museu Nacional que estão reconstruindo poderia ser assim. O que você acha, Rocambole?

Quando, finalmente, o dia da reinauguração chegou, Pedro fez questão de estar lá.

— Olha, as estátuas vieram nos dar boas-vindas — falou o pai de Pedro, que estava acompanhando-o, mostrando as várias esculturas de mármores que tinham sido espalhadas pelo jardim de entrada.

A fachada estava novinha em folha, de volta ao seu amarelo original da época do império. E, enquanto admirava a nova fachada, Pedro foi pego de surpresa por uma voz familiar:

— INDEPENDÊNCIA OU MORTE!

Sim. Era Bartolomeu, um guia para lá de especial que Pedro aprendeu a admirar. E, por incrível que pareça, Bartolomeu reconheceu Pedro, aquele menino rabugento, agora crescido.

— Ora, ora, ora, encontrei um visitante faceiro! Você, por acaso, não seria o Pedro terceiro?

Pedro esboçou um sorriso e balançou a cabeça!

— Deixa a timidez de lado, vou lhes apresentar o que foi reformado! — falou o guia — Mas antes de começar, uma pequena história eu vou lhes contar... e do meu jeito preferido, que é rimando, enquanto isso vamos entrando, vamos andando:

BEM AQUI FOI DISCUTIDO A INDEPENDÊNCIA DO BRASIL

DUZENTOS ANOS SE PASSARAM/ E AGORA É ANIVERSÁRIO/ DO BICENTENÁRIO

O MUSEU REAL/ VIROU MUSEU NACIONAL

DUZENTOS ANOS/TAMBÉM PASSARAM/ ATÉ O DIA FATAL

FOI MAL/ INCENDIOU/ O PATRIMÔNIO CULTURAL

QUEIMARAM A HISTÓRIA/ MAS SOBROU NOSSA MEMÓRIA

E FOI ASSIM/ QUE UMA GALERA RESOLVEU/ PELO RESGATE DO MUSEU

COMO NO DIA DO FICO/ O PESSOAL/ DECIDIU PERSEVERAR

LUTAR/ REFORMAR/ RESTAURAR ESTE LUGAR

TRANSFORMAR A NOSSA DOR/ EM ALGO DE VALOR

VALOR CULTURAL/ VALOR SENTIMENTAL/ CIENTÍFICO/ ANCESTRAL

APRENDER COM O PASSADO/ PROJETAR NOSSO FUTURO

E PARA FINALIZAR/ CONTO O SONHO QUE EU TIVE

O MUSEU NACIONAL VIVE!

GLOSSÁRIO

ANTROPOLOGIA - estuda as culturas e os modos de vida das diferentes sociedades (conjunto de indivíduos que se relacionam com objetivos comuns) humanas no passado e no presente.

ARQUEOLOGIA - estuda as culturas por meio da escavação de restos: animais, vegetais, materiais de uso humano.

CORUBOS - indígenas brasileiros da região do oeste do estado do Amazonas.

DIVERSIDADE - é a interação de diferentes culturas visando uma convivência harmônica entre indivíduos com relação à etnia, religião, orientação sexual, cultura e gênero, entre outros.

ENTOMOLOGIA - estuda os insetos.

ETNOLOGIA - estudo detalhado dos grupos indígenas.

FÓSSEIS - restos de animais e vegetais conservados em rochas.

MARAJÓS - indígenas brasileiros do período pré-colombiano localizados no Pará.

MASTODONTE - animal de grande porte, tipo elefante, com duas presas, que viveram entre 10 e 11 mil anos atrás.

MEGAFAUNA - todos os animais de grandes proporções.

METEORO - pequeno pedaço de rocha que veio do céu.

PALEONTOLOGIA - estuda as formas de vida existentes em períodos passados por meio dos fósseis.

PATRIMÔNIO CULTURAL - monumentos históricos, sítios arqueológicos, os modos de ser e viver, as celebrações e as festas associados a práticas culturais de diversos grupos sociais que são fundamentais para manter viva a memória, a identidade e a riqueza cultural de um povo.

TEMPLO DAS MUSAS - morada das deusas das artes e das ciências.

TUPINAMBÁS - indígenas brasileiros identificados na Bahia desde o século XVI.

TUPIS-GUARANIS - uma das mais importantes famílias linguísticas do grupo indígena Tupi.

VASOS CANOPOS - recipientes (de diferentes tamanhos) para guardar os órgãos embalsamados das múmias, preservando-os após a morte.

SOBRE A ILUSTRADORA

Eu sou a Bruna, nasci em Curitiba, em 1986, e, desde muito pequenininha, sempre amei desenhar. Anos mais tarde, depois de terminar as faculdades de Design Gráfico e Jornalismo, fui a Barcelona, na Espanha, transformar minha paixão de criança em profissão. Lá, estudei Ilustração Criativa na EINA - Centre Universitari di Disseny i Art.

Desde então, passo meus dias ilustrando obras incríveis. Já são dezenas de livros publicados, muitos deles premiados. Quer conhecer outros livros que ilustrei? Venha me fazer uma visita no meu Instagram @brunaassisbrasil. Vou adorar te ver por lá!

SOBRE O AUTOR

Olá, eu sou Rodrigo Bruno e foi da minha cabeça sonhadora que nasceu este texto. Diferente do Pedro, nosso protagonista, eu sempre gostei de visitar museus e conhecer as histórias dos povos que estiveram aqui antes da gente. Então, quando recebi o convite para escrever este livro sobre o Museu Nacional eu fiquei muito feliz. Eu sou formado em história, pós-graduado em literatura infantil, além de ter estudado teatro. Se quiser me dar um oi, meu Instagram é @rodrigobrunous.